Amélie Guénette

Nouvelle édition

Mon CAHIER DE VACANCES

en route vers la 1re année

Amélie Guénette

Nouvelle édition

Mon CAHIER DE VACANCES

en route vers la **1**re année

Mon cahier de vacances — En route vers la 1re année

Amélie Guénette

© 2015 Les Éditions Caractère Inc.

Correction d'épreuves : Richard Bélanger
Conception graphique : Kim Lavoie
Conception de la couverture : Geneviève Laforest

Sources iconographiques

Couverture : Shutterstock.com

5800, rue Saint-Denis, bureau 900
Montréal (Québec) H2S 3L5 Canada
Téléphone : 514 273-1066
Télécopieur : 514 276-0324 ou 1 800 814-0324
caractere@tc.tc

ISBN : 978-2-89742-132-8

Dépôt légal : 2e trimestre 2015
Bibliothèque et Archives nationales du Québec
Bibliothèque et Archives Canada

Imprimé au Canada

2   3   4   5   6   M   20   19   18   17   16

Gouvernement du Québec – Programme de crédit d'impôt
pour l'édition de livres – Gestion SODEC.

Ce projet est financé en partie par le gouvernement du Canada

Mot aux parents

Ce cahier d'activités amusant a été conçu afin de divertir votre enfant pendant la période des vacances tout en lui permettant de mettre en pratique les connaissances acquises durant l'année scolaire.

Mon cahier de vacances – En route vers la 1re année survole le programme du ministère de l'Éducation, et ce, sous la forme de jeux, de bricolage, de coloriage et d'exercices de calligraphie.

Votre enfant n'est pas obligé de faire les exercices dans l'ordre, il peut faire quelques pages de mathématique, s'amuser à faire les expériences ou encore français en premier. Libre à lui de choisir ce qu'il veut faire. Vous pourrez toujours l'inciter à faire certaines pages plus tard. L'important est qu'il prenne plaisir à travailler.

Un enfant qui continue à apprendre durant l'été sera en mesure d'attaquer du bon pied la nouvelle année scolaire à l'automne.

Nous vous souhaitons d'excellentes vacances !

Qui suis-je ?

Écris ton prénom : _____

Quel âge as-tu ? _____

Combien as-tu de frères et de sœurs ? _____

Combien as-tu d'animaux ? _____

Quel est ton numéro de téléphone ? _____

Dessine ton portrait ou colle une photo dans le rectangle.

La lettre a-A

Exerce-toi à écrire les lettres de l'alphabet.

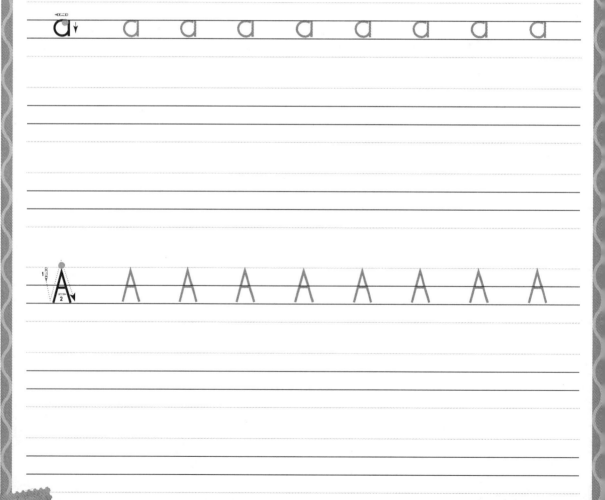

La lettre b-B

Exerce-toi à écrire les lettres de l'alphabet.

La lettre c-C

Exerce-toi à écrire les lettres de l'alphabet.

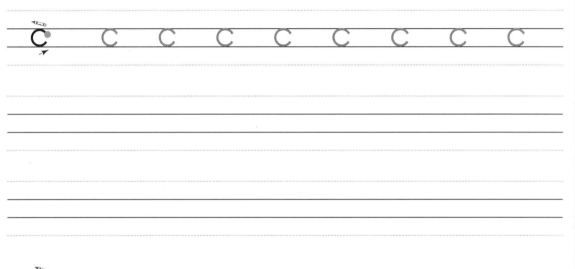

La lettre d-D

Exerce-toi à écrire les lettres de l'alphabet.

La lettre e-E

Exerce-toi à écrire les lettres de l'alphabet.

La lettre f-F

Exerce-toi à écrire les lettres de l'alphabet.

La lettre g-G

Exerce-toi à écrire les lettres de l'alphabet.

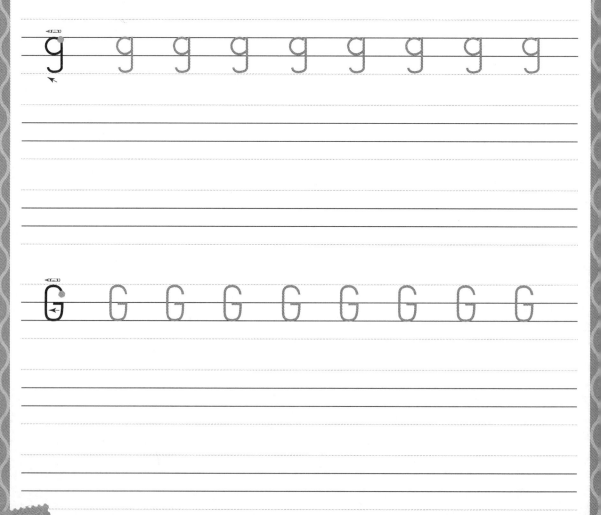

La lettre h-H

Exerce-toi à écrire les lettres de l'alphabet.

La lettre i-I

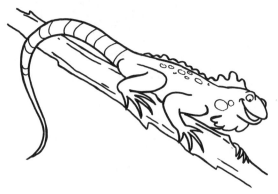

Exerce-toi à écrire les lettres de l'alphabet.

La lettre j-J

Exerce-toi à écrire les lettres de l'alphabet.

La lettre k-K

Exerce-toi à écrire les lettres de l'alphabet.

La lettre I-L

Exerce-toi à écrire les lettres de l'alphabet.

La lettre m-M

Exerce-toi à écrire les lettres de l'alphabet.

m m m m m m m m m

M M M M M M M M M

La lettre n-N

Exerce-toi à écrire les lettres de l'alphabet.

La lettre o-O

Exerce-toi à écrire les lettres de l'alphabet.

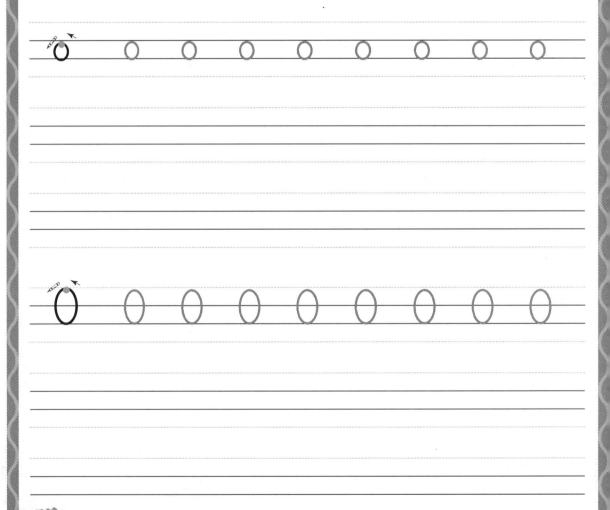

La lettre p-P

Exerce-toi à écrire les lettres de l'alphabet.

La lettre q-Q

Exerce-toi à écrire les lettres de l'alphabet.

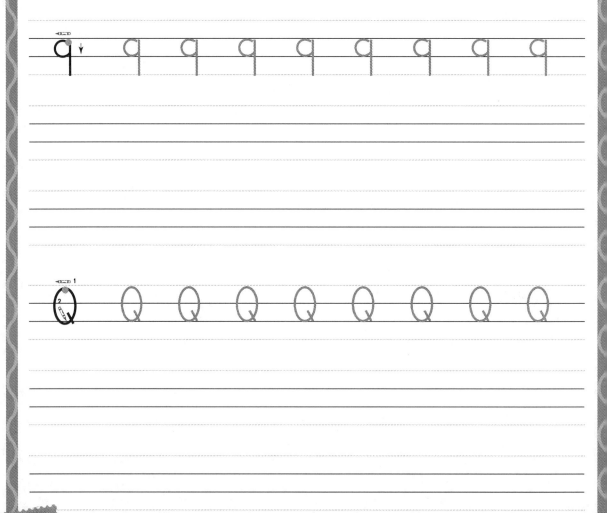

La lettre r-R

Exerce-toi à écrire les lettres de l'alphabet.

La lettre s-S

Exerce-toi à écrire les lettres de l'alphabet.

S   s   s   s   s   s   s   s

S   S   S   S   S   S   S   S

La lettre t-T

Exerce-toi à écrire les lettres de l'alphabet.

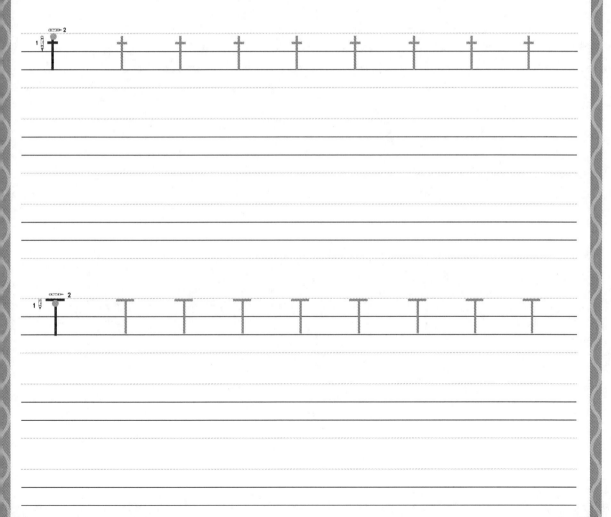

La lettre u-U

Exerce-toi à écrire les lettres de l'alphabet.

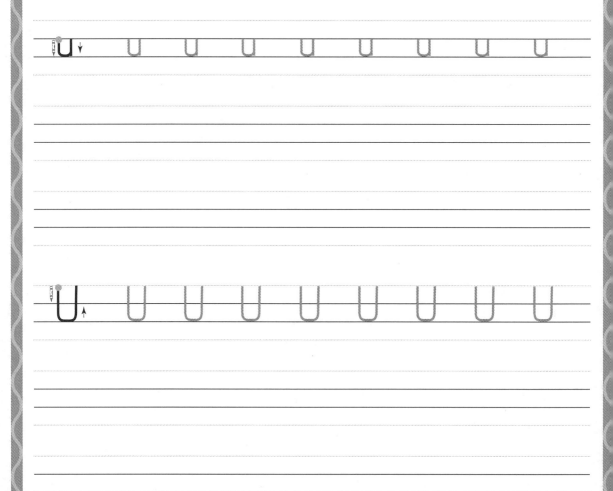

La lettre v-V

Exerce-toi à écrire les lettres de l'alphabet.

La lettre w-W

Exerce-toi à écrire les lettres de l'alphabet.

La lettre x-X

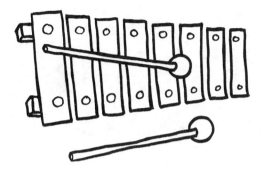

Exerce-toi à écrire les lettres de l'alphabet.

La lettre y-Y

Exerce-toi à écrire les lettres de l'alphabet.

La lettre z-Z

Exerce-toi à écrire les lettres de l'alphabet.

Z Z Z Z Z Z Z Z Z

Z Z Z Z Z Z Z Z Z

Les chiffres

Exerce-toi à écrire les chiffres.

0   0   0   0   0   0   0   0

zéro   zéro   zéro   zéro

1   1   1   1   1   1   1   1

un   un   un   un   un   un   un

Les chiffres

Exerce-toi à écrire les chiffres.

2 2 2 2 2 2 2

deux deux deux

3 3 3 3 3 3 3

trois trois trois

Les chiffres

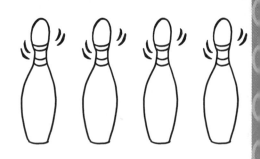

Exerce-toi à écrire les chiffres.

4   4   4   4   4   4

quatre   quatre

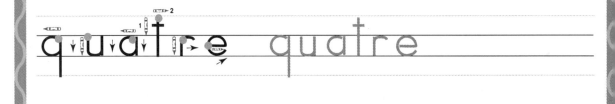

5   5   5   5   5   5   5

cinq   cinq   cinq   cinq

Les chiffres

Exerce-toi à écrire les chiffres.

6 6 6 6 6 6 6

six six six six six six

7 7 7 7 7 7 7

sept sept sept sept

Les chiffres

Exerce-toi à écrire les chiffres.

8   8   8   8   8   8   8

huit   huit   huit   huit

9   9   9   9   9   9   9

neuf   neuf   neuf   neuf

Je trouve des mots

Dans chaque phrase, encercle le mot qui est dans le cœur.

Paul mange une pomme.	pomme
Zoé a acheté un ballon.	ballon
Simon a perdu son crayon.	crayon
Anne veut une orange.	orange
Les étoiles brillent dans le ciel.	ciel
Papa écoute la télé.	Papa
Maman cueille une fleur.	Maman
Je lis un livre.	livre

Saute-mouton

Relie les moutons en suivant les nombres de 1 à 10.

Connais-tu les couleurs?

Colorie les étoiles de la couleur demandée.

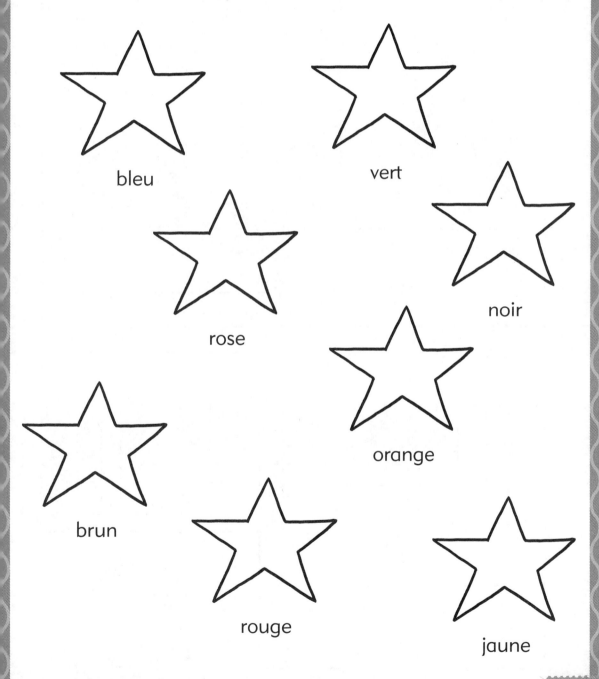

bleu

vert

noir

rose

orange

brun

rouge

jaune

Un chemin géométrique

Aide l'abeille à se rendre
au pot de miel.

Qu'est-ce qui manque?

Complète les suites en dessinant l'élément manquant.

a)

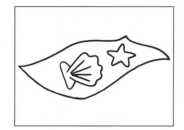  

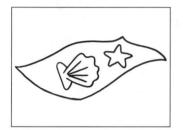 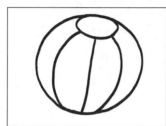 

b)

Que vois-tu?

Relie les lettres dans l'ordre alphabétique
pour découvrir le dessin, puis colorie-le.

Un peu de coloriage

Colorie l'image avec les couleurs demandées.

Bleu	Rouge	Vert	Rose	Jaune
A	B	C	D	E

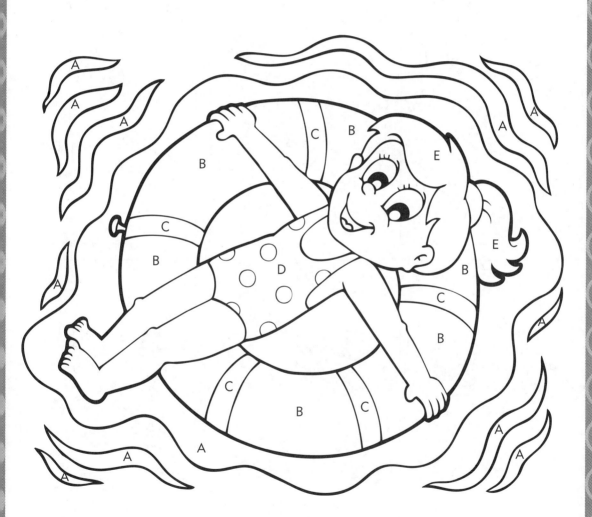

Les fleurs

Colorie le nombre de fleurs demandé.

5

7

3

2

8

6

Le labyrinthe

Aide Zoé à se rendre à son école.

Les différences

Trouve les quatre différences entre les deux images ci-dessous.

Les animaux de la ferme

Colorie tous les animaux de la ferme qui ont quatre pattes.

Géographie

Colorie les drapeaux suivants avec les couleurs demandées.

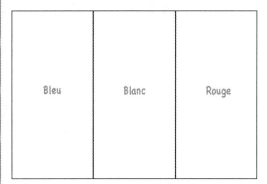

France

Allemagne

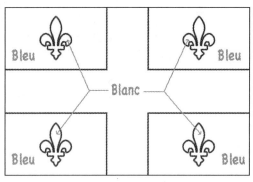

Québec

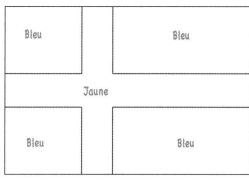

Suède

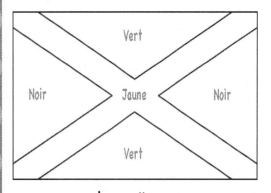

Jamaïque

Italie

Ma main

Pose ta main au centre de la feuille, puis dessines-en le contour.

Un mille-pattes

Écris les nombres manquants sur le mille-pattes.

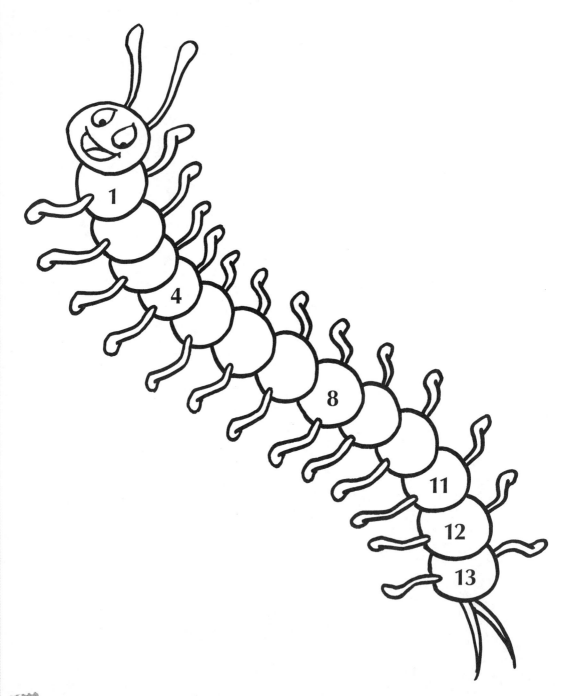

J'apprends l'heure

Avec l'aide d'un adulte, découpe et colle l'horloge sur du carton. Fais la même chose avec les aiguilles. Perce un trou au centre et fixes-y les aiguilles à l'aide d'une attache parisienne. Amuse-toi à apprendre l'heure.

Je dessine

Dessine un bonhomme en suivant les consignes. Sa tête est un cercle. Son nez est un triangle. Ses yeux sont des ovales. Sa bouche est un rectangle. Ses oreilles sont des cœurs.

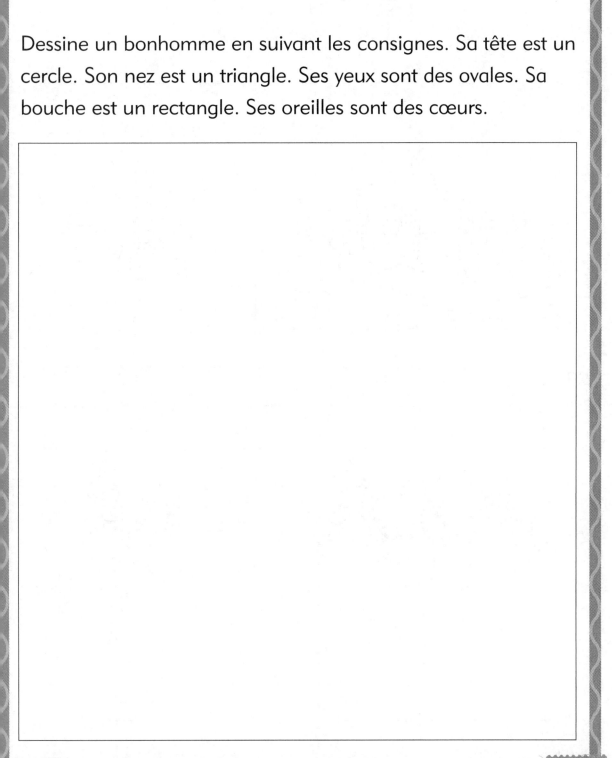

Les saisons

Colorie les images. Trace le nom des saisons.

a) printemps

b) été

c) hiver

d) automne

Les cinq sens

Relie les sens à la bonne partie du corps.

a)

Le goût

b)

Le toucher

c)

L'odorat

d)

L'ouïe

e)

La vue

Vivant ou inanimé

Colorie ou encercle les êtres vivants.

Les animaux

Colorie en bleu les animaux qui vivent dans l'eau et les autres en vert.

Le labyrinthe

Aide Vincent à se rendre au parc.

Visages

Dessine les parties manquantes aux visages. Il y en a un qui est complet !

a)

b)

c)

d)

e)

f)

Que vois-tu ?

Relie les lettres dans l'ordre alphabétique pour découvrir l'image.

Des lettres manquantes

Écris la lettre manquante pour compléter les mots.

t est pour

igre

d est pour

auphin

c est pour

ochon

v est pour

ache

z est pour

èbre

Premières lettres

Nomme chacune des illustrations à haute voix. Encercle l'illustration qui commence par le son donné à gauche.

Aa			
Bb			
Cc			
Dd			

Combien de cœurs ?

Colorie les robes qui ont quatre cœurs. Fais un X sur les autres.

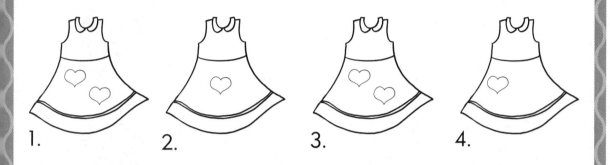

1. 2. 3. 4.

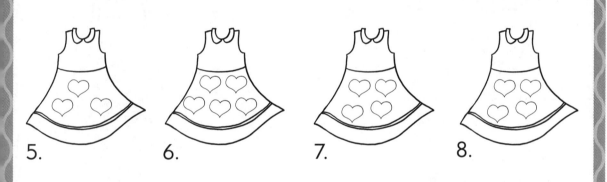

5. 6. 7. 8.

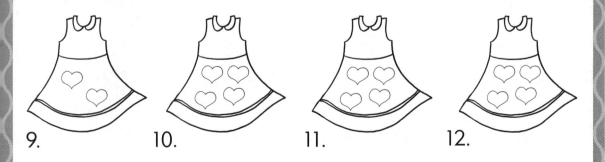

9. 10. 11. 12.

Les cinq sens en action

Relie les sens à l'action associée à l'illustration.

a) L'odorat

b) La vue

c) L'ouïe

d) Le toucher

e) Le goût

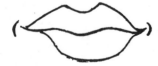

Des mots

Trace les lettres des mots suivants.

a) auto

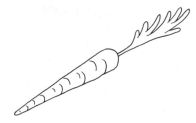

b) carotte

c) vache

d) main

e) brocoli

f) aigle

Grand et petit

Dans chaque case, colorie en bleu l'animal le plus grand et, en rouge, le plus petit.

Je regroupe

Fais des groupes de trois coquillages.

Majuscules et minuscules

Trace une ligne pour relier la lettre minuscule à la lettre majuscule correspondante.

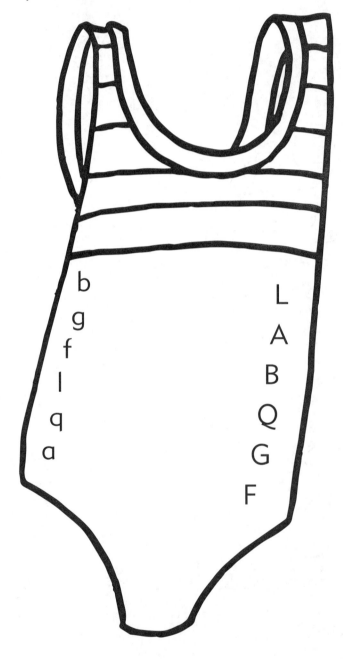

b
g
f
l
q
a

L
A
B
Q
G
F

Faire de la pâte!

PÂTE À MODELER

Ingrédients

10 ml (2 c. à thé) d'huile
250 ml (1 tasse) de farine
125 ml (½ tasse) de sel
250 ml (1 tasse) d'eau
10 ml (2 c. à thé) de crème de tartre
Colorant alimentaire des couleurs de ton choix

Étapes à suivre

1. Chauffe l'huile. (La supervision d'un adulte est requise.)
2. Ajoute tous les autres ingrédients.
3. Fais cuire environ trois minutes en remuant jusqu'à ce que la pâte épaississe.
4. Laisse refroidir sur du papier ciré et amuse-toi.

PÂTE À SEL

Ingrédients

250 ml (1 tasse) de farine
125 ml (½ tasse) de sel
125 ml (½ tasse) d'eau

Étapes à suivre

1. Mets la farine et le sel dans un bol. Fais un puits.
2. Ajoute l'eau.
3. Mélange jusqu'à l'obtention d'une boule un peu collante.
4. Amuse-toi à faire des animaux, des objets.
   Laisse-les sécher avant de les peindre.

Sauvages ou domestiques?

Colorie les animaux sauvages en bleu et les animaux domestiques en rouge.

Dedans ou dehors?

Colorie en rouge les poules qui sont à l'extérieur de l'enclos et en bleu celles qui sont à l'intérieur.

Des seaux et des pelles

Fais le regroupement en suivant les consignes.

a) Encercle 1 seau.

c) Encercle 4 seaux.

b) Encercle 3 seaux.

d) Encercle 5 seaux.

Une journée à la plage

Découpe les illustrations et colle-les dans le bon ordre à la page suivante.

Une journée à la plage

Colle les illustrations de la page précédente dans le bon ordre.

Pour compléter cette activité, découpe les illustrations de la page 81 et colle-les ici.

De bons aliments?

Dessine un cœur autour des aliments
qui sont bons pour la santé.
Fais un X sur ceux qui ne le sont pas.

Collage de la ferme

Colorie, puis découpe les illustrations ci-dessous et colle-les dans la ferme aux bons endroits sur les pages 78 et 79.

Trouve l'intrus

Toutes ces images sont identiques sauf une. Laquelle?

a)

b)

c)

d)

Les associations

Associe les éléments aux bonnes personnes.

Que vois-tu ?

Suis les pointillés pour compléter le dessin, puis colorie-le.

Les bons vêtements

Colorie en vert les vêtements que tu portes l'été et colorie en bleu ceux que tu portes l'hiver.

Du plus petit au plus gros

Numérote les dragons du plus petit au plus gros, 1 étant le plus petit et 5 le plus gros.

Le chemin des poissons

Aide Jade à se rendre à l'école. Colorie tous les poissons pour lui montrer le chemin.

Départ

Arrivée

Les dix doigts de la main

Relie chacune des illustrations au bon nombre de doigts.

a)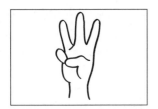

f)

| 1 |
| 2 |

b)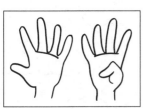

g)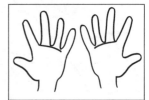

| 3 |
| 4 |

c)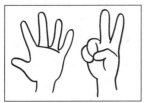

h)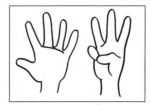

| 5 |
| 6 |

d)

i)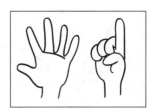

| 7 |
| 8 |

e)

j)

| 9 |
| 10 |

Un peu de coloriage

Colorie l'image avec les couleurs demandées.

A : rouge, B : bleu, C : jaune, D : brun, E : mauve et F : blanc.

Les couleurs primaires

Les couleurs primaires sont le rouge, le vert et le bleu.

Avec elles, tu peux créer d'autres couleurs.

Découvre-le avec cette expérience !

Matériel :

- 1 tube de gouache rouge
- 1 tube de gouache verte
- 1 tube de gouache bleue
- 1 palette à peinture
- 1 pinceau
- De l'eau
- Du papier essuie-tout
- Du papier

Consignes :

1. Sur ta palette à peinture, mélange de la gouache rouge et de la gouache bleue avec ton pinceau. Quelle couleur cela donne-t-il ?

2. Nettoie ton pinceau avec l'eau et sèche-le avec le papier essuie-tout. Mélange maintenant de la gouache rouge avec de la gouache verte. Quelle couleur obtiens-tu ?

3. Nettoie encore une fois ton pinceau. Cette fois, mélange de la gouache verte avec de la gouache bleue. Quelle couleur cela fait-il ?

4. Avec tes nouvelles couleurs, fais une belle peinture !

À plumes, à poils ou à écailles

Certains animaux ont des plumes, d'autres des poils ou des écailles. Découpe les images de la page suivante et colle-les dans la bonne colonne.

Animaux à plumes	Animaux à poils	Animaux à écailles

Les panneaux de signalisation

Colorie les panneaux de signalisation routière comme demandé.
Utilise le rouge, le jaune, le vert et le bleu.

a) Un arrêt

rouge

blanc

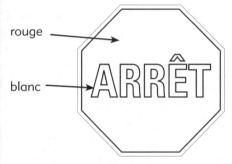

b) Des feux de circulation

rouge

jaune

vert

jaune

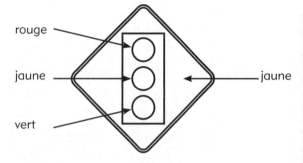

c) Un hôpital

blanc

bleu

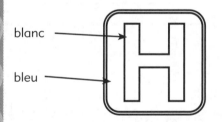

d) Un stationnement
pour handicapés

blanc

bleu

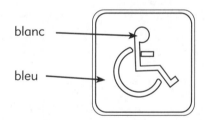

e) Un passage d'écoliers

jaune

noir

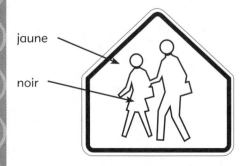

Les animaux en famille

Découpe et colle les animaux de la page suivante dans la bonne colonne. Il faut que le bébé et la femelle de la même famille soient sur une même ligne.

Regarde le premier exemple.

Bébé	Femelle

Image miroir

Dessine le côté droit du sapin de façon à ce qu'il soit identique à son côté gauche.

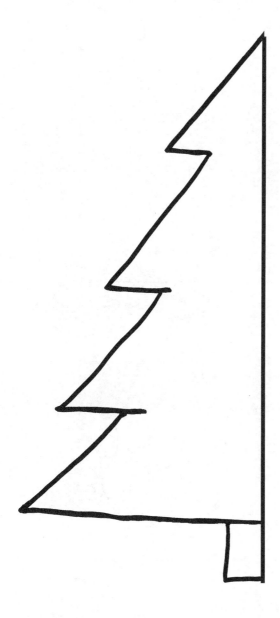

Des mots

Trace les lettres des mots suivants.

a) ange

b) miroir

c) sirop

d) livre

e) montre

f) soleil

Je sais compter

Inscris le nombre correspondant au nombre d'éléments de chaque case.

a)   b)   c)   d)   e)

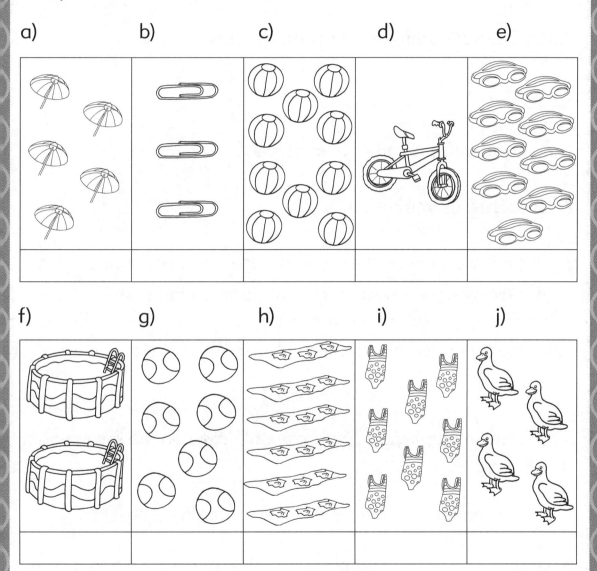

f)   g)   h)   i)   j)

Le jeu du téléphone arabe

Voici un jeu à faire avec tes amis. Plus vous êtes nombreux, plus c'est drôle !

But : Observer comment se transforme une phrase.

Consignes :

1. Assoyez-vous en ligne ou en cercle.

2. Choisissez un maître de jeu.

3. Le maître du jeu pense à une phrase d'au moins cinq mots (par exemple, « Amélie porte un pantalon jaune »).

4. Le maître du jeu chuchote sa phrase à l'oreille du joueur à sa droite.

5. Chaque joueur répète la phrase qu'il a entendue à son voisin de droite.

    *Attention ! Écoutez bien ! Il est interdit de répéter !

6. Le dernier joueur dit la phrase qu'il a entendue à voix haute. La phrase est-elle la même qu'au début ?

Combien de formes?

Regarde cette maison et réponds aux questions.

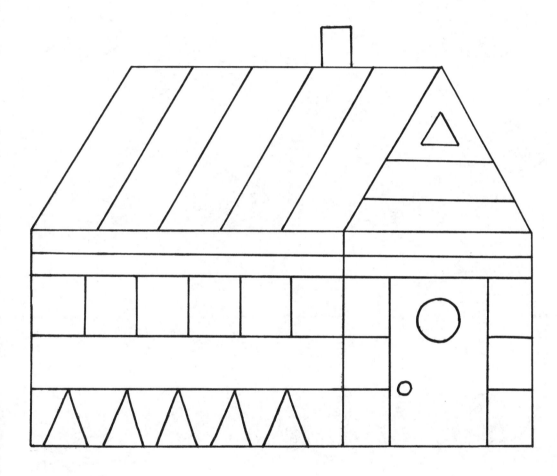

a) Combien de △ y a-t-il ? _____

b) Combien de ◯ y a-t-il ? _____

Les ensembles

Encercle des ensembles de quatre poissons.

Combien d'ensembles as-tu encerclés ? _____

Les associations

Associe les illustrations de droite à celles de gauche.

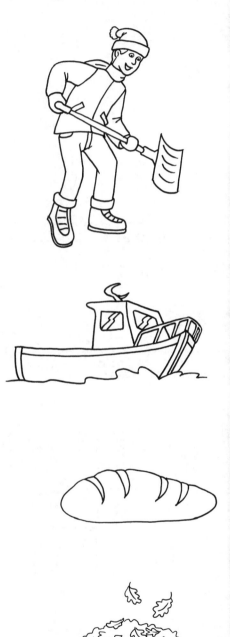

Des mots

Trace les lettres des mots suivants.

a)  quenouille

b) spaghetti

c) serpent

d) ordinateur

e) réfrigérateur

f) téléphone

Des plumes

Combien de plumes chaque paon a-t-il sur la queue?

a) _____

b) _____

c) _____

d) _____

e) _____

f) _____

Des arbres feuillus

Découpe et colle les feuilles qui se ressemblent dans le même arbre.

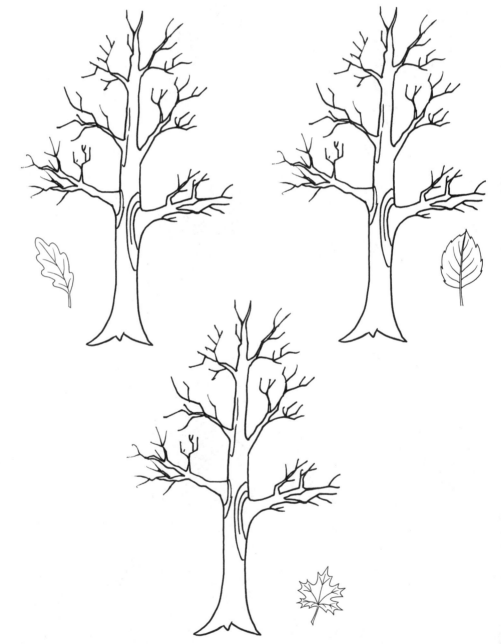

Des mots qui riment

Relie les mots de la colonne de gauche aux mots de la colonne de droite qui finissent par le même son.

maison

serpent

bateau

spaghetti

souris

poisson

dent

chapeau

Le ou la

Colorie en vert les images où tu peux dire « le », en rouge les images où tu peux dire « la ».

a)

b)

c)

d)

e)

f)

g)

h)

Les jours de la semaine

Trace les jours de la semaine.

lundi   lundi   lundi   lundi

mardi   mardi   mardi   mardi

mercredi   mercredi

jeudi   jeudi   jeudi   jeudi

vendredi   vendredi

samedi   samedi   samedi

dimanche   dimanche

Les mois de l'année

Trace les mois de l'année.

janvier janvier janvier

février février février

mars mars mars mars

avril avril avril avril

mai mai mai mai mai

juin juin juin juin

juillet juillet juillet

août août août août

septembre septembre

octobre octobre

novembre novembre

décembre décembre

Des mots

Trace les lettres des mots suivants.

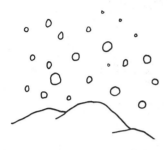

a)  neige

b) cravate

c) zoo

d) ballerine

e) zèbre

f) pêcheur

Il neige des mots

Découpe les mots de la page suivante.

Regarde bien par quelle lettre ils débutent.

Colle les mots dans la bonne colonne.

Par exemple, le mot écharpe va sous la lettre e.

n	u	a	g	e

avion	noix	gondole 	nénuphar
ustensiles	entonnoir	grenouille 	narval 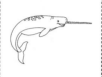
ananas	urne	asperge	grue
uniforme	empreinte	usine	éléphant
nuage	gâteau	écharpe	assiette

Les émotions

Relie les visages à l'émotion qu'ils illustrent.

a)

boudeur

b)

apeuré

c)

triste

d)

heureux

e)

fâché

L'univers

Dans notre système solaire, on compte huit planètes. Colorie chacune des planètes et le Soleil avec les couleurs de ton choix.

Lettre cachée

Colorie en bleu tous les b. Colorie en rouge tous les r.
Colorie en vert tous les v. Quelle lettre reste-t-il ?_____

B	B	V	R	V	B	V
V	B	R	R	B	V	B
B	R	V	O	R	B	V
R	B	R	B	V	R	V
B	V	R	V	B	R	V
R	V	R	V	B	B	B
B	R	V	V	B	R	R
B	R	V	B	V	R	B

Lettre mystère : _____

Le nid de l'oiseau

Dessine ce qu'on te demande.

Dessine 2 œufs dans le nid.   Dessine 1 œuf sous le nid.

Dessine 4 œufs au-dessus du nid.   Dessine 2 œufs à gauche du nid.

Dessine 3 œufs à gauche du nid.   Dessine 1 œuf au-dessus et 1 en dessous du nid.

Des formes à découper

Découpe les formes géométriques et colle-les sur les formes correspondantes.

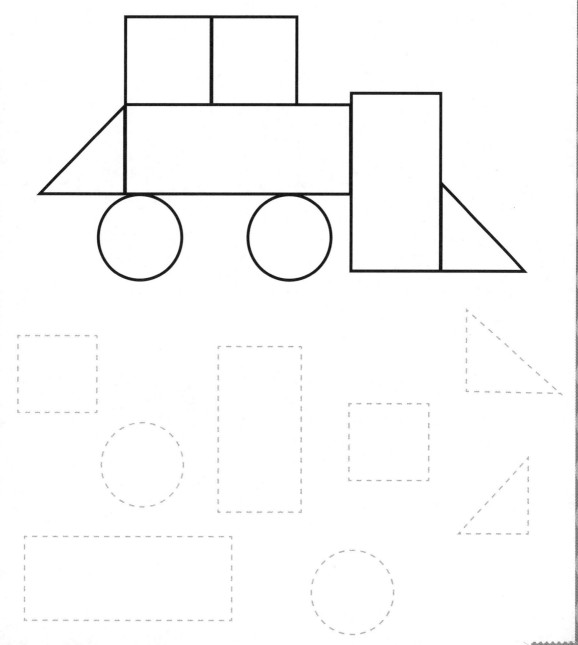

121

D'où viennent-ils?

Relie l'aliment au magasin d'où il vient.

Les quatre groupes alimentaires

Dessine deux aliments de chacun des groupes alimentaires.

Fruits et légumes	Produits laitiers
Produits céréaliers	**Viandes et substituts**

Fruit ou légume ?

Colorie les légumes en vert et les fruits en rouge.

ananas

pomme de terre

brocoli

banane

haricots

fraise

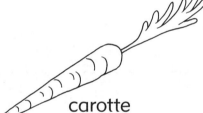

carotte

cerises

chou-fleur

poire

céleri

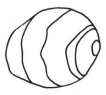

navet

pomme

Combien ?

Écris le nombre d'éléments qu'il y a dans chaque ensemble.

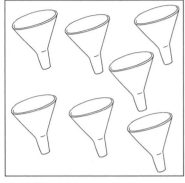

a) _____ entonnoirs

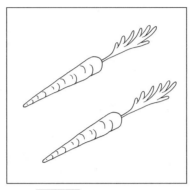

b) _____ carottes

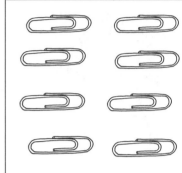

c) _____ trombones

d) _____ souris

e) _____ alligator

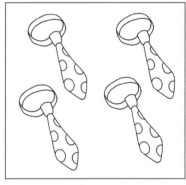

f) _____ cravates

g) _____ fraises

h) _____ souliers

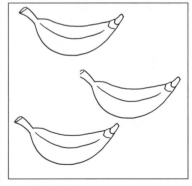

i) _____ bananes

Les mois et les saisons

Relie les mois à la bonne saison.

a) Printemps

b) Été

c) Automne

d) Hiver

Janvier

Mai

Octobre

Juin

Décembre

Novembre

Juillet

Février

Septembre

Mars

Avril

Août

Les bestioles logiques

Découpe les bestioles de la page 129 et colle-les au bon endroit dans le tableau.

La coccinelle va dans le coin gauche, en haut.

Le moustique est à l'opposé de la coccinelle, en diagonale.

L'abeille est à gauche du moustique.

La libellule est au-dessus de l'abeille, à droite de la coccinelle.

La mouche est à droite de la libellule.

Le papillon est sous la mouche.

La fourmi est à l'opposé du papillon, sous la coccinelle.

L'araignée est dans le coin gauche, en bas.

Quelle case est vide ?

Bestioles à découper

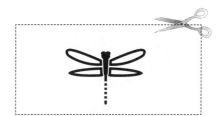

Le toucher

Savais-tu que les aveugles « voient » avec leurs mains ?
Avec tes amis, transformez-vous en aveugles et explorez le sens
du toucher. Voici comment !

Matériel :

- 1 grand sac ou 1 grande boîte
- Plusieurs petits et moyens objets (par exemple, un peigne, un
  crayon, du papier de verre, une bille, une mitaine, une
  cuillère, un kiwi)
- 1 foulard pour se bander les yeux

Consignes :

1. Assoyez-vous par terre, en cercle.

2. Placez le maître du jeu au milieu. (Le maître du jeu est celui
   qui aura mis les objets dans le sac ou la boîte.)

3. À tour de rôle, bandez-vous les yeux avec le foulard. Pigez un
   objet dans le sac ou la boîte.

4. En le touchant, décrivez l'objet (sa forme et sa texture).

5. Essayez de nommer l'objet. Avez-vous réussi à « voir » avec
   vos mains ?

Trouve l'intrus

Encercle l'intrus.

Qu'est-ce qui manque ?

Complète les suites en dessinant l'élément manquant.

a)

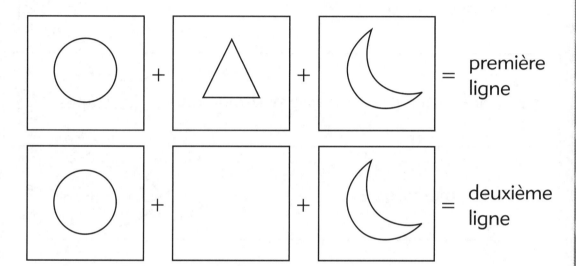

b)

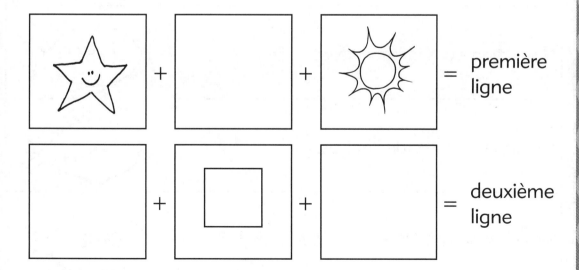

À la recherche des mots

Souligne dans chaque phrase le mot qui est dans le poisson.

Lisandre joue avec son amie.	amie
Iris prépare des crêpes avec sa grand-maman.	crêpes
Je suis en maternelle.	maternelle
Camille est près de la porte.	porte
Nous regardons le bébé lièvre.	bébé
Sandrine ramasse des fraises.	fraises
Sommes-nous à Québec ou à Montréal ?	Québec

Les expressions en dessins

Dessine les expressions suivantes.

a) Julianne est haute comme trois pommes.

b) Samuel a une tête de cochon.

Vrai ou faux?

Regarde l'illustration et dis si la phrase qui la décrit est vraie ou fausse.

Phrase	Vrai	Faux
a) L'étoile est triste.		
b) La médaille porte le chiffre un.		
c) Le panier est vide.		
d) La pelle est sous le seau.		
e) Voici deux traces de mains.		
f) Les lettres A, B et C sont écrites sur le tableau.		

Les étapes de la vie

Mets dans l'ordre ces images qui représentent les étapes de la vie.

a) 1. _____ 2. _____ 3. _____

(grand-maman)

(enfant)

(femme)

b) 1. _____ 2. _____ 3. _____

(jouer)

(travailler)

(étudier)

Les véhicules

Associe le véhicule au bon conducteur.

a)

capitaine

b)

motocycliste

c)

chauffeur

d)

pilote

e)

ambulancier

f)

camionneur

Des lunettes de soleil

Fais des ensembles en suivant les consignes. Réponds ensuite aux questions.

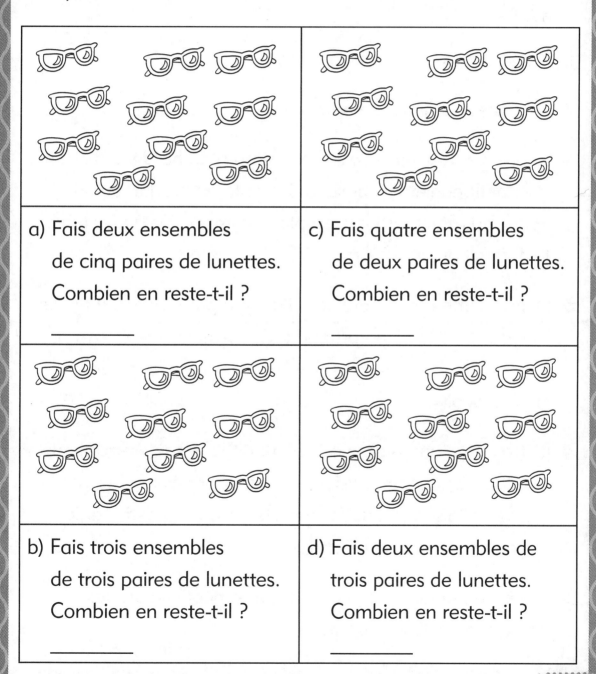

a) Fais deux ensembles de cinq paires de lunettes. Combien en reste-t-il ?

_____

c) Fais quatre ensembles de deux paires de lunettes. Combien en reste-t-il ?

_____

b) Fais trois ensembles de trois paires de lunettes. Combien en reste-t-il ?

_____

d) Fais deux ensembles de trois paires de lunettes. Combien en reste-t-il ?

_____

Je m'en vais au marché

Voici un jeu pour tester ta mémoire et celle de tes amis !

Consignes :

1. Assoyez-vous en cercle par terre.

2. Choisissez l'ami qui commence.

3. Le premier ami dit : « Je m'en vais au marché. Je mets dans mon petit panier… ». Ensuite, il ajoute un produit qu'on trouve au marché (par exemple, « Je m'en vais au marché. Je mets dans mon petit panier… des carottes »).

3. Le deuxième ami répète ce qu'a dit le premier ami. Ensuite, il ajoute un deuxième produit (par exemple, « Je m'en vais au marché. Je mets dans mon petit panier… des carottes et du brocoli »).

4. Le troisième ami répète ce qu'ont dit les deux premiers amis. Ensuite, il ajoute un troisième produit (par exemple, « Je m'en vais au marché. Je mets dans mon petit panier… des carottes, du brocoli et des citrons »).

5. Le jeu se poursuit jusqu'à ce qu'un ami oublie un des produits dans l'énumération.

Du coloriage!

Amuse-toi à colorier cette image.

Bravo!

Félicitations, tu as bien travaillé !
Tu mérites amplement ton diplôme.

Ce diplôme est remis à

_____

_____

(Écris ton nom)

qui a terminé avec succès

EN ROUTE
VERS LA 1re ANNÉE

en ce ____ du mois de _____ de l'an ____ .

Félicitations !

Solutions

Page 42

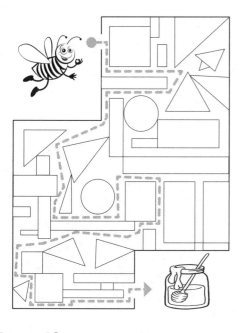

Page 43

a) soleil   b) étoile

Page 44

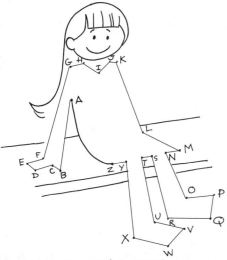

Page 46

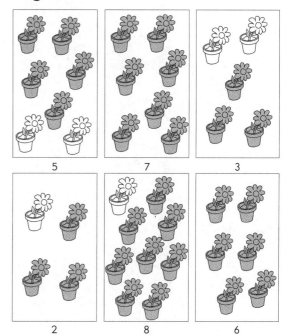

5   7   3

2   8   6

Page 47

Page 48

Page 49

Page 52

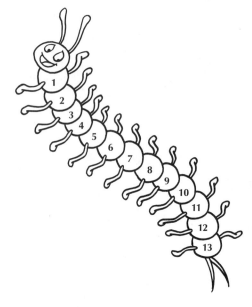

Page 57

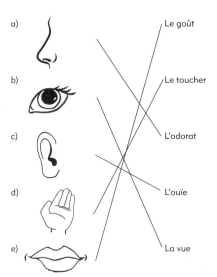

a) Le goût

b) Le toucher

c) L'odorat

d) L'ouïe

e) La vue

Page 58

Page 59

En bleu : la baleine, le requin, le poisson et le dauphin.
En vert : l'ours, le cerf, le lapin et le loup.

Page 60

Page 61

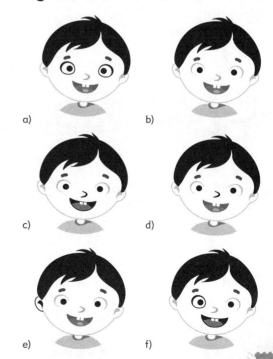

a)

b)

c)

d)

e)

f)

Page 62

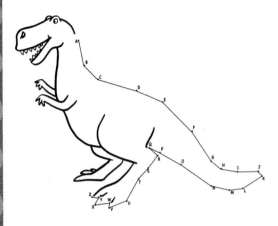

Page 63

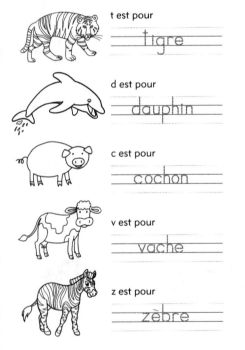

t est pour
tigre

d est pour
dauphin

c est pour
cochon

v est pour
vache

z est pour
zèbre

Page 64

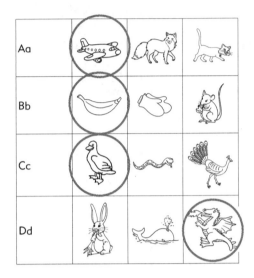

Aa			
Bb			
Cc			
Dd			

Page 65

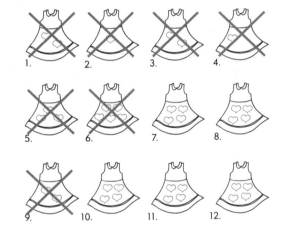

1.   2.   3.   4.

5.   6.   7.   8.

9.   10.   11.   12.

Page 66

a) L'odorat

b) La vue

c) L'ouïe

d) Le toucher

e) Le goût

Page 70

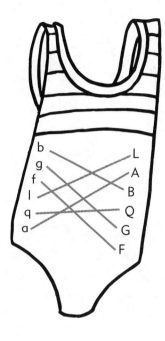

Page 69

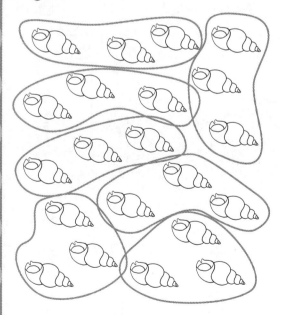

Page 72

Les animaux domestiques sont la chèvre, le chat, le cheval et le chien. Les animaux sauvages sont la mouffette, le renard et le castor.

Page 74

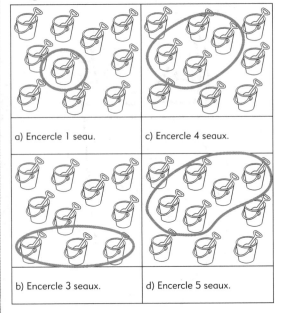

a) Encercle 1 seau.

c) Encercle 4 seaux.

b) Encercle 3 seaux.

d) Encercle 5 seaux.

Page 77

1

2

3

4

Page 80

Page 83

a)

b)

c)

d)

Page 84

Page 87

3

5

4

2

1

Page 86

Bleu

Vert

Vert

Bleu

Vert

Bleu

Vert

Bleu

Page 88

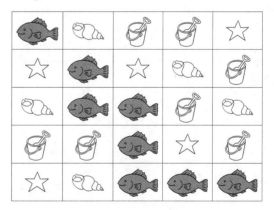

Page 89

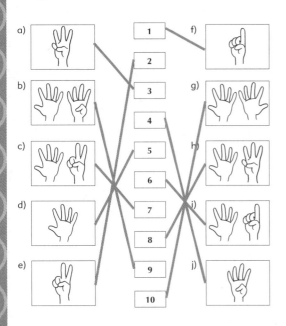

Page 92

Animaux à plumes	Animaux à poils	Animaux à écailles

Page 96

Bébé	Femelle

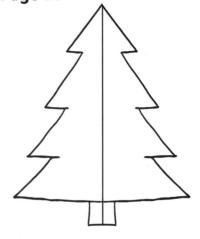

Page 99

Page 101

a) 5   b) 3   c) 10   d) 1   e) 9
f) 2   g) 7   h) 6   i) 8   j) 4

Page 103

a) 9   b) 2

Page 104

Quatre ensembles de quatre poissons

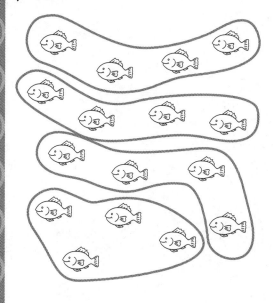

Page 105

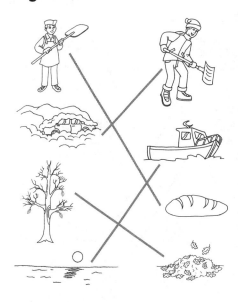

Page 107

a) 5   b) 6   c) 3
d) 4   e) 7   f) 8

Page 109

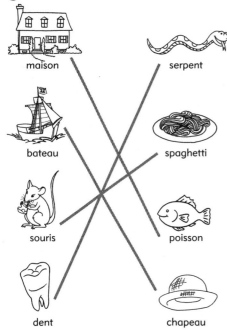

maison

serpent

bateau

spaghetti

souris

poisson

dent

chapeau

Page 110

a) Le poisson = vert

b) La grenouille = rouge

c) La baleine = rouge

d) La tortue = rouge

e) Le requin = vert

f) Le canard = vert

g) Le dauphin = vert

h) Le zèbre = vert

Page 114

narval	usine	assiette	gondole	écharpe
nénuphar	ustensiles	asperge	grenouille	éléphant
nuage	urne	ananas	gâteau	entonnoir
noix	uniforme	avion	grue	empreinte

Page 117

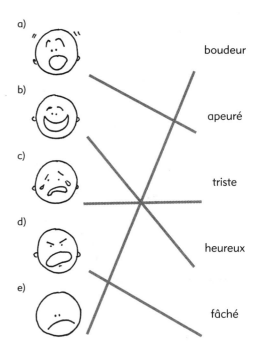

a)

b)

c)

d)

e)

boudeur

apeuré

triste

heureux

fâché

Page 119

B	B	V	R	V	B	V
V	B	R	R	B	V	B
B	R	V	O	R	B	V
R	B	R	B	V	R	V
B	V	R	V	B	R	V
R	V	R	V	B	B	B
B	R	V	V	B	R	R
B	R	V	B	V	R	B

Page 123

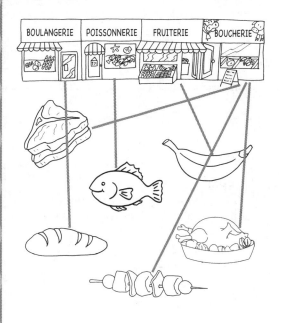

Page 125

Les légumes en vert : pomme de terre, brocoli, haricots, carotte, navet, chou-fleur et céleri. Les fruits en rouge : ananas, banane, fraise, cerises, poire et pomme.

Page 126

a) 7   b) 2   c) 8   d) 5

e) 1   f) 4   g) 9   h) 6

i) 3

Page 127

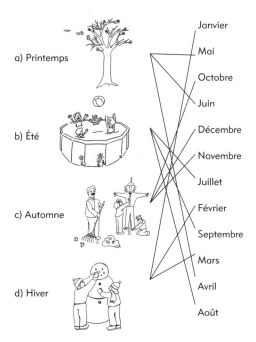

Page 128

La case du milieu est vide.

🐞	🦗	🪰
🐜		🦋
🕷	🐝	🦟

Page 132

L'intrus à encercler est
le bonhomme de neige.

Page 136

a) Faux

b) Vrai

c) Vrai

d) Faux

e) Faux

f) Vrai

Page 137

a) 1. enfant, 2. femme,
   3. grand-maman

b) 1. jouer, 2. étudier,
   3. travailler

Page 138

La case du milieu est vide.

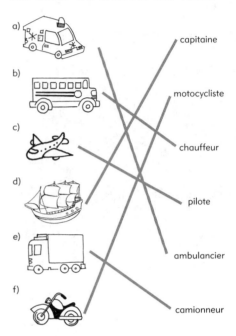

a)

b)

c)

d)

e)

f)

capitaine

motocycliste

chauffeur

pilote

ambulancier

camionneur

Page 139

a) Zéro

b) Une

c) Deux

d) Quatre

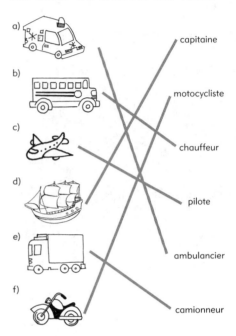